JN408799

그리고
내일

그리고 내일

정정희 시집

해암

시인의 말

내 안의 나를 벗기다
언어와 더불어
서서히 드러나는 시의 속살
부끄럽다

많은 이들이
야누스의 얼굴을 하고 살아간다
나도 그렇게 살아가고 있다
먹먹했던 가슴
터질 것 같았던 심장
짧은 밤 꼬리만 남겨두고도
그리움이 사그라지지 않을 때
그때
사색이란 그림자 속에 갇혀있는 내게
시가 찾아왔다
일상의 삶이 정적으로 바뀌는 시간이면
나비인 양 사뿐히 날아다닌다

글감이 눈앞에서 아롱거릴 때 산을 찾는다
둥글게 더 둥글게 세상을 온갖 것을 바라본다

2014년 5월

정정희

| 차례 |

1 _ 그곳에 가면

2_ 산다는 것이

3_ 상고대

4 _ 유년이 그립다

5 _ 천왕봉 가는 길

1
그곳에 가면

푸른 눈雪

하늘 위의 하늘
그 위에 또 하늘
설국雪國을 그렇게 빚어낸다
눈부시게 푸르다
두 손으로 살며시 퍼 담아본다
뭉쳤다 오물거린다
커졌다가 작아졌다가
다시 비볐다가 뭉갠다
왈칵 쏟아내는 그림자는
한 줄기 소나기가 된다
떠다니는 구름 한 조각
그렇게 없어지는 것을
지난 흔적 파편처럼 떨어져
희미한 그림자로 토해낸 한숨
부초 같은 목숨 너울처럼 일렁인다.

지금 그곳에는

봉오리 끝이 몸살 앓아
꿈틀거리며 겨울잠 벗어던진다
오동통 물오른 가지 끄트머리에
임신한 배 쑤욱 내밀고 섰다

세파에 찌든
버리지 못한 미련
해산을 기다린다

화려한 모습 타인처럼
바라봐 주는 이 없어도
행복한 웃음

네가 내가 될 수 없고
내가 네가 될 수 없으니
너는 너대로 나는 나대로
바라보는 저민 가슴으로도
사랑하며 살리라.

감정의 다리

첩첩산중
수 년의 세월
푸른 나무 뿌리 내린 깊은 골
살을 드러내는 아픔을 견디며
인고의 세월 버틴다

가슴에 내린
작은 감정
가끔 후벼 팔 때마다
쓰린 가슴 피멍으로 얼룩져
눈물이 흘러 내려

건너지 못할 계곡물
징검다리에 의존하며
동동거려 애태워보지만

불어난 물에 몸을 적시고
아픔과 고통까지 감내하며
힘겹게 건너는 짧은 다리가
못내 아쉬움으로 남는다.

그리고 내일

초록잎에 물방울이 튕겨져 나와
고전과 현대가 어우러졌다
번잡했던 어제의 흔적 어디에도 없다
공원의 벤치는 주인 잃은 사슴마냥
어둠에 숨어 떨고 있다
텅 빈 공원
칠흑 같은 어둠 속 다시 햇살은 내리고
분수대
그 아름답고 고고했던 시화
튕겨져 나온 언어들이 아련하고
간간히 마음 담을 그릇 찾아 발목 잡는다
데칼코마니 찍어 한껏 나풀거렸던 전날은
꿈이던가 헤아려 본다.

섬 그들의 애환

구름발치 끝에 애환이 동동
검푸른 파도는 삼킬 듯 달려든다
노련한 사공
요리조리 피해 도망쳐 포말만이 남겨준다

밤을 낮인 냥
그렇게 어둠을 밝히는 작은 등불 거미줄 인생
수심이나 알련지……
눈동자엔 핏줄이 엉킨다

잔잔한 가면을 쓴 저들을 뒤로 하고
어판장에 상자떼기 내동댕이쳐지면 몸서리치고
밤새 진절머리나게 쫓고 쫓긴 사투 끝에
펄쩍거리며 뛰어오른 오징어를 아랑곳없이
칼질을 한다

내장이 잘려나가고 껍질이 벗겨지고
아낙네의 손끝은 히물그래해진
핏기없는 물체에 불과하다
오랫동안 절어진 그들의 삶에서

나는 없어지고 오로지 너만 있는 듯

밤새 몸싸움으로 은빛 비늘이 벗겨져 나간
지친 생선들 포기한 삶이 주는 평화로움에
어지럽게 널브러져 있다.

그곳에 가면

작은 대화가 있고
꽃이 있고
꿈이 영글고
땀이 흐르고 손끝이 저민다

그리움이 피어나고
고향이 발목에 밟히고
엄마 손에 호미 끝이 보이고
아버지의 손수레가 보인다

콘크리트 담을 지나면 작은 텃밭
그곳에 가면 눈시울을 적신다
내재 된 그리움 북받쳐
작은 감정들이 밀려와 금세 고향의 정류장에 도착한다

잊혀져가는 고향
락 음악이 잔잔한 산을 뒤흔든다.

처음

광안리해수욕장 은모래
평행의 발자국을 남기고
문을 밀고 들어서면
진한 커피향이 온몸을 감싼다
설익은 커피와
잘 익은 선홍의 커피
딸과 처음으로 커피를 마신다
창밖의 차는 상판과 하판이 나눠
오버랩 되어 지나간다
잉크 빛 바닷물은 검게 변해
성난 파도 하얀 거품 토해놓고
커피향에 실린 팝송이 감미롭게
몸을 파고들며 더듬거린다
네온이 하나둘 켜지고
맑은 눈동자에 아롱거리는
또 하나의 네온
딸을 향한 오색 별을 만든다.

하루해가 저문다

바다가 조금씩 해를 핥아 먹다가
마지막으로 꿀꺽 삼켜 버린다
저마다 가슴속 사연 누른 채
지쳐 축 처진 어깨들
교통카드 꺼내기조차 힘겨워 보인다
가로 막고 섰던 개찰구는 맥없이 열리고
주위 시선 아랑곳없이 엉덩이를 갖다댄다
어느새 몸은 중심축을 잃었다
질펀한 발걸음 좁은 시장 골목을 더듬는다
눌러 담은 검은 봉지 몇 들고
뚜벅뚜벅 걷는다
습관처럼 비밀번호 꾹꾹 눌러
무거운 철문을 힘껏 당긴다
종일 공기의 왕래가 없었던 빈집
먼저 창문을 열고 새손님을 맞이하고
깎아 놓은 밤톨 같은 멋진 남자를 초대한다
그 멋진 남자는 태풍 소식으로
침침했던 실내 공기를 확 쓸고 지나간다.

잠시 멈춘 이곳

파릇하던 꽃 한 송이
각혈을 토하며
하얀 시트 위에 툭 떨어진다
여기저기 손길이 다가온다
가슴은 이미 천장에 앉았다
호흡도 잠시 멈춘다
마음과는 달리 동선이 느긋하다
침대의 눈이 함께 어루만진다
간사하기 이를 데 없다
금방 숨이 넘어 갈 듯
후들거렸던 가슴은 진정되고
피어나던 저 어여쁜 꽃 소멸될까
체온으로 그의 곁에 멈췄다.

섬과 바다

하늘의 별빛도
나의 속내도
감추고 싶은 딱 하나의 비밀도
그곳에 서면
유리알처럼 투명하게 보인다
유성이 떨어진다
철썩이는 파도가
숨겨 버리지만
이내
질긴 여인네의 손길이 건져 올린다.

아침을 여는 중

잠이 덜 깬 눈
어슴푸레 창문 너머 바라본다
길게 드리워진 커튼 사이
숨 고르기를 하지 못한 심장은 그대로 붙어 있다
점차 가슴이 열려 긴 숨 들이마시며
간밤을 토해낸다
얼마나 좋았던지
뛰놀고 달려도 보고
아이가 되어보고
그리워도 하고
눈물짓고 하루가 그렇게 아름다웠는데
깨운다
마음속 온기는 그대로인데
회색 바닥은 붙잡고 놓아주질 않는다
눈앞엔
뽀오얀 속살 드리우며 다가오는 고운 님
지그시 깨문 입술 사이로
하얀 웃음 지어 본다.

또 이렇게 맞이한다

돌부리에 부딪히며
산을 오른다
거친 숨소리에
어둠이 놀란 듯 물러선다

능선을 서성이며
모두 한곳을 응시한다
가쁜 숨 몰아 가슴속의 묶은 찌꺼기 뱉어내고
호흡 가다듬어
새로운 희망을 주문한다

하늘이 고통을 호소하고
아픔이 절정에 도달하는 순간
전율 속에
대지의 골반이 열려
새로운 태양이 탄생한다

무엇으로도 대체할 수 없는 아픔
새 생명의 탄생을 알리는 깊은 전주곡으로
주변을 검붉게 물들이며

고통을 이긴 영광의 얼굴이
먼 산등선을 타고 서서히 그리고
힘차게 솟아오른다.

새 아침

가슴벅찬 떨림으로
한 해를 맞이한다
이글거리는 태양
떠오르는 순간
이미 내 몸 전체를 삼켜버렸다

마디마디에 꿈틀거림은
소망을 담은 몸에
호응하는 떨림으로
소름 돋는다

기대에 찬 마음
태양은 머리 위에 치솟고
위아래로 차근차근
마음을 식혀주고
금세 환희에 찬 기쁨 하나
떨어져 나간 작은 알갱이 되어
마음을 적신다.

초록사막

– 연변을 지나며

내려 봐도 올려 봐도
끝없는 푸른 들판
옥수수 밭이다
쭉 뻗은 옥수수 대
하늘 장막을 쳤다
달리고 달려도 푸른 사막
풀이 탄다
노랗게 익어가는
속저고리 속의 통곡 소리
황소는 알 수가 없다
사상과 이념
그 중간의 대립 속에 갈등한다
한가롭다
두만강, 압록강
누가 그렇게 빗금을 쳐 놓았던가
통곡하며 쏟아낸 황토물
두만강 바라보며 훔친 눈물
숨 가쁘게 오늘도 흐른다.

신빈현*의 밤거리

어둠이 내리는 거리에 순간
천의 얼굴 만의 모습으로 모여든 사람
붉은 야음을 틈타 술잔에 빠졌다

때로는 활활 타오르는
불꽃 속으로 환희를 부르짖으며
숨가쁜 각혈로 쫓긴다

빛과 어둠이 교차하는 순간
신빈의 밤거리는
그들만의 세상을 만든다

새로운 불빛이 쏟아진다
때를 기다리듯 자근자근 길을 따라 걸어본다
반영되는 그림은 모퉁이도 빛을 만든다

화려한 외벽에 박힌 저 문양
천의 얼굴을 하고 선 핏기 없는 여인
어둠을 뚫고 양지로 나오려는 몸부림이다.

---

*연길에서 심양 방향 중간 신빈현

삼강주막*

얼어 붙은 낙동강
서민의 애환이 서려 있는 주막
몸서리치는 가난
배고픔에 힘겨워 달랑 배추 부침개 한 장
찌그러진 황금주전자에서
쏟아져 나오는 푸념
"이 누무 가난 운제쯤 끝날꼬!"

아랫배가 쑤욱 나온
회화나무 한 그루 수호신이다
묵은 세월 뒤로 안은 채 내려 본
저잣거리
쭈그려진 반세기 홀로 삭혔다

인적 끊긴 강나루를 넘나드는 눈길이
싸하니 아파온다
되돌아올 수 없는 여정
어릴 적 배추 부침개
입맛을 다신다.

*경상북도 예천군 풍양면 소재

너

찬란했던 태양
어둠을
삼키고도
까딱
안 할 것
같더니
한낮 가린
구름 앞에
제 모습
꼬리를
감춘다

다시는
보지 못할
아쉬운
마음
서편 산에
묻어둔다.

2
산다는 것이

당신은 바람으로 왔습니다

유월의 태양 가슴 태울 때
당신은 한 송이 꽃으로 떨어져
이국 땅 이곳에 영혼으로 남아
바람으로 그렇게 흩날리고 있네요

맑은 하늘 푸른 초원 위
꽃다운 젊음 피지도 못하고
가신 님은 오늘 그렇게 바람으로
강하게 아픔을 호소하네요

찌르는 듯 파고드는 님의 넋이
심장 한 곳을 관통하여 눈물로 쏟아져 나옵니다
영문도 모르고 남의 나라
망설임 없이 와서
이슬처럼 한 줌 재되어
이곳에 누우셨단 말입니까?
고운 님의 넋이라도 편안하시라고
티끌도 없이 반석으로 다듬어
님의 묘비 앞에 국화꽃 한 송이
이렇게 애통하는 마음 하나 다녀갑니다.

아린 가슴

굵은 장대비에 바닥이 갈라져
신음 한 번 내보지 못하고
바둥거린다

하염없는 빈 공간을 채우려
갈대 속 비집고 무언가 찾아보지만
늪에서 질퍽거리는 흙탕물이다

내일의 태양에게 맡기기에
나 자신의 무력함에 헤집어 본다
밟히고 찢기어 내동댕이친 숲
한줄기 햇살이 나뭇잎 사이로 비춰
살랑살랑 마름질한다

오늘이면
내일이면
갈라진 땅
표면이 덮어지려나.

산다는 것이

촉촉히 비가 내린다
을씨년스런 마음
멍에처럼 매달고
하염없이 달려본다
살아온 날은 쌓여 가는 나의 업보요
살아갈 날이 나의 고행인 것을
오늘도 빈 가슴 채우고저 하루를 편다
무엇에 사로잡혀 허우적대는 지
쿨한 마음 다 잡아보지만
헝클어지는 잡념에
뒤엉킨 날줄과 씨줄
풀었다 감겼다 반복되니
에라
모르겠다
또 하나의 업보만 쌓이고
고행의 날은 오늘도 나를 가둔다.

바라보는 마음

못다한 말 가시 되어 목에 걸렸다
어쩌면 너에게 다시 하지 못할 그 한마디
마음 깊은 곳 토해 내지 못해
멍울져 흘러내린 그리움이 반이다

가까이 두고 보지 못함은 소경 아닌 소경으로
살아야만 하나 보다
그리움이 반이라면 온전한 그리움이 피어오를 때
난 그대 뜰에 핀 한 떨기 꽃이고 싶다

눈으로 만질 수밖에 없음은
사랑함에 눈뜬 소경이다
절반의 사랑으로 아름다울 수 있는 건
화려한 눈부신 너의 형상이요
나의 고정관념이다
바라보는 마음으로 행복한 날들 속에
피어나는 그리움.

사랑이라 말한다

눈길로 마주할 수 있다면
사랑일까
마음으로 바라보면
사랑일까
애타는 마음만큼이나 절절해서
그리움 차곡차곡 쌓여만 간다

너를 보낸 한나절
안타까움에
뻥 뚫린 가슴에 바람이 인다

그리워서 보고파서
내 안에 가둔 너를 만지작거린다
한쪽 가슴이 저려오고
해소되지 않은 그리움 하나가
온몸을 휘감아 오므라든다

나른한 육신
기다림에 지쳐
이미 누워 저 하늘 쏟아지는 별들을 본다.

잃어버린 그리움

그립다
손에 잡힐 듯 잡히지 않는 뜬구름
월영따라 발걸음 옮겨보지만
그리움은 속을 파고든다

기다림에 지쳐 기지개 켜지만
사라진 물체 하나가 아른거려
눈을 달 속으로 넣는다

우주 천지 각양각색
사랑의 양면성에 가슴앓이하면
어느덧 면역이 생겨 무뎌지는 가슴
묘약이 뭘까

물끄러미 길을 걷는다
노란 유채꽃이 환하게 비친다
어느새 잊고 꽃의 조잘거림에
따라 웃는다.

감금된 사랑
– 사계

지난 봄
뭇사람 애간장 태워
사랑의 가슴앓이 시키고
바람결에 도도히 사라지더니

작렬하던 태양
빨갛게 달궈진 마음
붉게 타올라
까맣게 태워놓고
외면하는 그대여

그대에게 감금되어
아름다웠던 순간
하나하나 홍엽으로 물들어
이젠 그대품으로 가렵니다.

흔적

한 잎 한 잎 떨어져 나간 아쉬움
화려한 겉치레에 아름다웠던 꽃분홍 사연
바람은 자고 세월은 지고
참담했던 날도 아름다운 흔적으로 남겨두고

미풍에 맡긴 꽃잎
두 손으로 감싸 안아 가슴에 넣는다
내리쬐는 햇볕에 연신 숨이 차다

이슬로 적신 이마
무게를 이길 힘조차 흐릿해져
남몰래 수혈을 받아
파르르 떨고 파고드는 흐느낌에 몸져누워
모진 풍파 한 세월
흔적으로 남기며 가만히 잠재운다.

아름다운 모습으로

한 폭 푸른 병풍이 눈앞에 멈췄다
살아 숨을 쉰 듯
당당하게 포호하고 선 그 모습이
천하를 호령 할 듯 위풍당당했다

축 처진 어깨를 본다
영원한 건 없다
잔인하게 속 빛도 푸르더니
서슬이 퍼런 악에 받친
칠순 시어머니 모습은
잔뼈가 녹아
단내가 난다

사방은 홍잎
나체로 나뒹구는 모습
철저하게 외면당한 외톨박이
양탄자로 치장하여
곱게 접어 길섶에 둔다

분주한 마음 저민 가슴으로도 아파
온종일 내 발걸음은 눈물이 난다.

아름다울 수만 있다면

너를 가져
내가 아름다울 수만 있다면
잎사귀에 맺힌 눈물
옷고름 풀어 닦아
고통의 무게가 솜털 되게 하리라

소박한 꿈 가득 담아
한올 한올 뽑아 씨줄과 날줄로 엮어
인연의 끈으로

생명의 소중함
존귀함
두 손으로 살며시 감싸 안아

날마다 네 안에 나를 담고
내 안에 너를 담아
마음의 무게로만 살고 싶다
아름다울 수만 있다면…….

하얀 가시밭길

그대의 저민 가슴
먹먹해서 기氣가 막혔다
그 길 서러워서 눈뜨고 못가
회한의 길 그리움이 사무쳐
밤새 뒤적이다 홀로 지샌 밤

수많은 언어들 다 잊었나
그 많던 대화 다 잊었나
하고픈 말 침대 밑에 묻어놓고
하얀 가시방석 깔고 누운 밤

산소는 긴 호흡기로 들숨 날숨 쉬고
수액은 혈관과 혈관을 더듬고
심장은 굽은 길을 요동치듯
달려 보지만
입술은 혀가 나오지 못하도록
꾹 다문다.

나에게 너란

삶의 휴식처이며
억눌린 감정 표출하는
분화구 같은 거다

농도가 짙어짐에
쏟아낸 집념의 산상
높아지는 옥타브
무너지는 감각들

속절없이 파고드는 외로움은
밤 깊은 줄 모르고 쌓여만 가고
회한은 그리움에 덧칠한다.

그리움

오늘 같이 봄비 내리는 날
산 같은 그리움 안고
너의 창문 두드리고 싶다

먹먹한 가슴
땅속 깊이
스며드는 봄비처럼
너에게 오롯이 젖어들고 싶다

네 마음
구석구석 스며들어
새순 하나 싹 틔워 두고 싶다

너의 창 아래서 따뜻한
그리움의
봄비를 맞고 싶다.

발

샤워기 틀어 선채로 물을 밟았다
사정없이 과속 질주를 한다
음주 단속에 딱 걸렸다
전류가 획 지나간 듯 머리가 맑아졌다

발을 씻는다
서러운 눈물이 발등을 씻고 있다
발의 의지와 상관없이 내 마음대로다
무작정 데리고 다니다 보니
위로의 말 한마디 건네보지 못했다

미안하다

오른발의 상처로 곱절이나 힘든 왼발의 비명

나도 아프다.

불 꺼진 복도

낮에는
둥근 두 다리로 아무 말 없이 그들을 옮겨준다

그는 안다
그들의 고통을
위로의 외마디 나는 너의 분신이다

복도 숨소리도 멈춘 늦은 밤
오고 가는 흔적 뜸해진 시간
그는 잠시 쉰다

낮에 그를 도와 다리가 되어주고
불 꺼진 복도에서 그들의 문이 열리기를
말없이 기다린다.

굳은 인상

검게 탄 화상의 흉터
성형으로도 감출 수 없다
신은 버리지 않았다
갖가지 꽃들로
때로는 우람한 바위로 내려 앉혀
새롭게 피어나는 섬말나리
어여쁜 색시 모습 환하게 웃고 있다.

품은 세월

철문은 덜커덩
네 번의 손님을 맞고
힘없이 열리며
반질반질
냉기가 다가온다

코끝에서 예전 같은
향기로 입맛을
달래줄 손맛은
부재중이다

그들의 숙명이
낯선 여인의 손끝에
고무줄놀이를 한다

손때 묻은 연장은
행여 잊힐까
행여 버려질까
주인 발소리일까
낮은 귀 기울인다.

3
상고대

리필

살갗의 피투성이
아픈 상처로 긴 겨울잠 깨고
수줍은 듯 고개 들어
배시시 웃음 머금곤
하염없이 배따라기다

볕이 코끝을 시큰거리게 한다
향긋한 냄새 온몸으로 전해오고
하나씩 떨어져 나간 꽃잎
자신을 버리고도
최후의 승리자로 남기 위한
몸부림이다

상념에 잠을 깨
활기찬 마음
나래짓하는 가엾은 저 새
한 방울의 봄비
가슴 잔에 담아본다

어렴풋이 생각나는 사람
어김없이 빙빙 도는 마음속의 추억
한 잔 되어 바라보니 어느새 환해진다
이미 마셔 버린 지금 리필을 기다린다.

상고대

마디마디가 아파 흐느낀다
사그락 사그락
귀를 간지럽히며
서풍에 칼바람이 불어
얼어붙은 조각난 바늘같은 몸
은빛 받아 눈이 시리다

눈물방울 얼어
땅으로 떨어져 홀로 흐느낌
이슬이어라
눈물이어라
그저 한세월이던가

앞섶에 가슴 풀고
온전히 그를 받아들여
품에 안았던가
오르락 내리락
떨어져 나가 몸뚱아리
민둥산이어라
갈기발기 찢겨진 진흙 속에

묻히어 그래도 한세월 살았노라
울부짖는다
까만 밤하늘
별이 총총.

늦가을

움추려든 마음속
습기라곤 없다
바스락거릴 뿐이다
발길에 차이고
바람에 나부끼는
상처난 가을
가슴 밑 토해내는
슬픈 마음
눈부시게 아름다웠던
젊은 날의
나
한때 그리도 고왔던 이름 하나
이젠
타인의 이름처럼
낯설게 느껴지는
황혼의 들녘
쓸쓸함의 뒤안길
돌아 한숨짓는다
땡땡하게 터져버릴 것 같았던
내 모습도

차츰 퇴색되어 이젠
무기력한
가을의
끝자락에 숨죽인다.

유자차 향기

샛노란 유자차
하얀 유리잔에 알갱이가 삐져나와
속살이 동동 떠 있다
새콤한 유자 향에 젖은 사람 냄새
찢기고 밟히고
밟고
살아남기 위한 몸부림이다
차라리 보지 말았음
차라리 듣지 말았음
속이 비틀어져 풍겨 나온 냄새
사는 게 모두가 아니다
보이는 게 전부가 아니다
또 다른 면이 있기에
살고 싶다
아름답다
톡 깨문 유자 씨앗의 쓴 맛이
김연아의 피겨스케이트 소식에
마지막 한 모금 입 안 전체가
은은한 향기로 남는다.

다압골 청매화

꽃눈송이 파르르 바람에 날리니
꽃잎에 박힌 동공
그대로 주저앉아
송골송골 속앓이
눈이 아리도록 눈부셔 속까지 짜릿하다

고운 얼굴
섬진강 물에 씻어 말려
따뜻한 봄볕에 서성이며
가슴 아린 임 마중

금모래 반사 되어
다압골에 뿌려 놓은 햇살
청매화 홍매화 영글어간다

꽃비산 퍼런 서슬에 빅혀
쪼그라져 그대로 야물어 버린 청매실
임 마중에 가슴앓이 꽉 막혀버린
한恨
설익어서 익혀 마시는 향긋한
다향茶香.

가을 속으로 걸었다

번민과 고뇌를 짊어진 배낭
천근만근이다
낙동강 물은 유유히 흐른다
내 마음의 풍랑
거세게 휘몰아친다

등짝에 흐르는 땀줄기
스산한 바람
오롯이 가슴으로 전해와
눈가에 맺힌 이슬이 아름다운 건
가슴에 남은 사랑 때문이다

농익어 가는 들녘이 따사롭다
붉게 물든 산야
차라리 피우지 말았음
떨어지는 아픔 모를 걸
잉태의 고통 속에 피어난
아름다운 새싹

맑았던 하늘
붉은 노을이 아름답다.

낙엽

서걱대는 소리에 발걸음 따라온다
여름 내내 뙤약볕에 익어
기력조차 없어 바람에 무임승차를 했다
골짜기 옮길 때마다
기진맥진
어느덧 세찬 바람 가지 끝에 매달린 잎 하나
뺨을 휙 후려친다
맵싸한 손맛에 눈물이 찔끔

저토록 아리고 예쁜 것은
아름다운 사랑이 주저리 맺혀
가을의 끝자락에
작별의 아쉬움을 몰래 준비하고 있는
슬픈 사랑을 간직하고 있나 보다

느지막이 힘에 겨워 불어오는 바람에
무임승차를 하고도 내릴 곳 마땅치 않아
골짝골짝 슬픔을 이고 나른다.

낙조 1

검붉은 바위틈
민낯으로 더듬거린다
올렸다 내렸다
굳어버린 저 화상
홀연히 바라보는 민낯
검게 타버린
화병
모태의 자궁 속으로
말려들어 가는 뜨거운
그리움.

낙조 2

조용하던 강나루
간밤 무서리 치는 진통으로
애꿎은 애기 울음 그칠 줄 모른다

놓칠 것 같은 수목의 질긴 생명
수승의 발가락은 힘겹게 버티고 서서
주체할 수 없는 눈물을 쏟아낸다

계곡마다 넘쳐 내려온 황토물은
급행열차에 몸을 실어
뒤돌아 볼 여유도 없이
넘실넘실 휘감아 흐른다

푸근한 바다에 도착하고나서
해를 바라본다
그제서야 제 몫을 다한 냥
가만히 해를 수직으로 빨아 삼키고
힘겹게 잠이 든다.

주산지

하늘이 주산지에 내려 앉아
반영된 나신은
고요를 안고 물안개를 올린다

손바닥에 움켜진 마음의 소요
가슴에 영근 아릿함이
정제되어 흐르고

따사로운 햇살은
물속에서 춤을 춘다.

봄

땅속의 언 발가락은
헤엄치듯 그렇게 바삐
단물을 이고 나른다

곁가지 가지마다
밀어 올린 꽃줄기 끝에
날아든 꽃벌
수천 번의 날갯짓으로
고백을 서두른다

그때 뽀얀 속살
몸을 배배 꼬며
포갠 꽃잎
이른 봄을 맞는다

얼마나 많은 꽃을 피우라고
잦은 빗줄기는 하염없이 퍼붓는지
애간장을 녹이는 그대
한껏 부풀어 오른
고요한 외침.

며느리밥풀꽃

마당으로 밥상을 던지시는 할머니
뭐가 못마땅해 밥상까지 내동댕이치실까
가슴이 철렁

여인은 흐느낀다
남편의 존재는 씹다 만 모래알 같은 밥알
뱉지도 못하고 꿀꺽 삼킨다

반찬 없는 밥상 올렸다는 이유가 아니다
아들 뺏어 호강하는 모습이 싫었던 거다
시어머니의 퍼붓는 말이 비수가 되어
며느리의 긴 숨은 땅을 파고 들어간다

천리나 만리나 천리나 만리나
그렇게 벗어나고 싶었던 여인은
아직도 천리나 만리나를 외며 밥알을 물고
그 자리에 떠나지 못하고 긴 숨만 내뱉는다.

만추

꽃분홍 치마저고리
곱게 차려입으시고
사뿐히 걸으시던 내 어머니

단아했던 모습은 굳은살
시름줄로 깊이 파여
지문조차 희미하다

오랫동안 내 곁에
머물러 줄 것 같았던 어머니
이젠
한 잎 한 잎 떨어져
낙엽 속으로 천천히 걷는다.

찰옥수수

금방 살 오른 소녀가
주위 시선 따갑게 앉았다
반항조차 할 수 없이
한 겹 한 겹 껍질을 벗고
마지막 실루엣까지 벗겨지고
그 노모는 백발이 송송
손등은 삼베 적삼처럼 거칠고
구릿빛 얼굴에는 검은 옥수수 알갱이가
군데군데 터 잡고 앉았다
무쇠솥에 김이 모락모락
구수한 맛은 코끝에 머물고
점잖은 차 한 대가 멈춰 섰다
남자는 나체로 나앉은 소녀를
낚아채 차량 속으로 끼어들고
파라솔 밑에는 위태롭게
여름 볕에 익은 옥수수가
우윳빛 나체로 가지런히 누워 있다.

그녀 발끝 머무른 곳

꽃 같은 여인은 핏기조차 꽃잎에 감추고
갓 여물어 얼기설기 묻어나는
고독함이 앞마당을 쓸고 있다
모과와 석류가 그녀의 손끝에서 영글고
남새는 그녀의 발소리를 듣고 자란다
아직은 분필 냄새가 어울리는 그녀
베토벤 교향곡을 들으며 꽃다발 한 움큼 쥐고
어설픈 세월 속에 묻어버린 그리운 시절
무아지경에 빠져 핑크색 화색이 돈다
치맛자락 그림자를 올망졸망 따라다니는 셋찌*
그녀 대화에 귀 쫑긋 세우고 어리광 부린다
가을의 고운 햇살이 담을 넘어
때 이른 파종을 하고 겨울을 기다린다.

---

*강아지 애칭

붉은 가을이 내린다
– 소록도

가을 햇살이 바다에
붉게 내렸다
가도 가도 끝없는 황톳길
단숨에 달려와
눈물의 비단길을 밟는다

뭉개진 손발로
허리가 굽은 몸뚱이로
저문 해를 밟고 섰다

그대 아픔으로 얼룩진 길
곱디고운 황금 옷 입혀 놓고
그 길 나 더러 걸으라 하시니
고통이요
아픔이요
눈물의 길
천형의 그 형벌 위에
또 하나의 벌을 쌓고 쌓아
떨어져 나간 손가락 발가락
반송되어 깊이 뿌리내렸다

사방이 그 혈장이요
그 눈물의 씨 맺힘이요
애써 돌아 눈물지으며
바위섬 되어 부표처럼 떠 있다.

가을비

저렇게 꾸물대서야 원
중늙은이 장에 간다
화끈하게 퍼부어도 좋겠건만
접었다 폈다

네 기분에 갈피를 못 잡는구나
살면서 터득한 나만의 고집으로
접었다 폈다

사부작사부작 빗속으로 걷는다
대숲에 떨어지는 비는
어린 소년이 구르던 옥구슬 소리로
하얗고 해맑아서 보기조차 부끄럽다

통 통 통
사선으로 떨어지는 너를 받아
고운 화음 되어 가슴을 치는구나.

4

유년이 그립다

노부부

열 다섯 열 일곱
철없는 아리따운 나이에
가정이란 울타리 속에
눈물겨운 시집살이에
외아들 어리광 다 받아 시집살이 끝나니
며느리 손자 증손자 삼대
검은 머리카락 희도록

칠십 년 한결같이 알콩달콩
자식 곁에 두지 못하고도 오손도손
아궁이 옛시절 그리워라
남편 잡일 들었네

열자식 뭐에 써요 악처 하나만 못하느니
천상배필로 만나 이 날까지
그림자처럼 붙어 싫은 척 미운 척
이부자리는 하나요
임자 먼저 보내고 나 갈라요
임자 보내고 싶어 한 말 아니라
임자 서운하지 않네만

입버릇처럼 임자 먼저 보내고 나 갈라요

이별의 시간을 그들은 안다.

곡예사

몇 번의 숨을 토하고야
허공으로 작아진다

가냘픈 몸 나풀거리며
관객의 박수와 환호는
들리지 않는다

앞과 뒤
환각에 취해 자신을 잃고도
행위만 있을 뿐

나락으로 떨어질
위기조차 감지 못하고
오늘도 외줄 인생
발이 부르튼다.

한 해를 결산한다

뭉텅 한 움큼 빠져나간 느낌이다
금세 한 해를 내어 주고 마음에 담은 것 없이
잃어버린 느낌 속에 빠졌다
찬란했던 태양 앞에 고개 조아려 빌고 빌던
삼백예순다섯날
마이너스……

하루도 공친 날은 없다
남은 것이 그래도 있으니 다행일세
얻은 거 있으니 다행일세
안 좋은 기억보다
좋은 기억이 많으니 그 또한 횡재 아니던가
플러스 알파…….

유년이 그립다

양지바른 곳
볕 따먹기
땅 따먹기
핀 따먹기
먹을 것이 부족했던 유년
풋익은 밭에
달짝지근했던 목화꽃 따먹던 그 시절
고구마 흙 쓱싹 문질러서 한 입 깨문다

우윳빛의 달콤함 입안 감칠맛으로
발가벗고 풍덩 뛰어들어 멱감고
입술이 파래지면 볕 따먹기

토실토실 살 오른 송곳 만들어준 엄마
하모니카 불듯 입에 물고 단물 빨아먹은 막대
자치기 새끼로 살아난다

반질반질
자전거 살대로 썰매날 만들어
오빠 따라 저수지 둑에 올라

짚불로 불 지펴 손 쬐며 양지바른 곳 볕 따먹기
살얼음 깨질새라 조심조심

한 발떼기 땅이 소중했던 시절
뼘 따먹기 땅 따먹기
한 치의 오차도 없이 커져만 가는 내 땅
하루 해가 깊어가도록 햇볕 따라 다녔다
오늘 하루는 비린내가 난다.

우정

살째기 내려앉은 대지에
포근히 감싸는 애뜻함 하나
봉긋이 솟아난 이름 모를 들풀
반가이 맞이한다

모퉁이 척박한 땅에 질긴 생명 하나
발길에 채이고
눈길 한번 받지 못했지만 그래도 찾아주는
그대 있으니 나 행복하여라

햇살 받아 눈부시게 아름다운 잎새
촉촉히 머문 그대 숨길 느낄 수 있어
행복의 그림자 가득 안아 본다

얇은 그리움
오래 머물 수 없어 보내고 말아야 하기에
더없이 애처롭다
바라봐도 가슴이 아리고
눈길만 줘도 가슴 벅차
너를 안으면 으스러질 것 같아 마음으로 바라본다

사랑한다
좋아한다
말 안해도 그저 바라보니 마음 흐뭇하여
내 마음은 이미 웃고 있다
작은 실수도 아름다워 보이고
작은 몸짓 한송이 꽃이다.

고향

해 아래 보인다
떠나고 빈자리 산그리메 드리워졌다
반영의 물결이 출렁거릴 때 횡설수설
가지 끝에 붙들어 가만히 걸어두고
몇 달 지나 툭 떨어져 땅으로 떼구르르

홀로 삭힌다
푸름 한입 가득 물고 토하지 못할 때
엽록소로 곱디곱게 빠져 나간다

빗장을 걸어 잠근 토담집 모퉁이는
질퍽거린다
행여 나를 찾지나 않을까
흙탕물 튀기며 맨발로 주섬주섬 챙겨본다

버리고 떠난 마음은
토담 아래 해바라기꽃 피우며
고향땅 언저리에 남아
애잔함이 그리움처럼 피어올라
잔잔한 고향 냄새가 눈시울 적신다.

통장

찻잔을 마주한
풋풋한 깍둑머리
좌불안석이다
평생통장이 개설된 짜릿한 순간
이만하면……
끄덕거려본다

뜨는 해에 하루 행복 담고
석양이 기울 때 나도 기울고
꽃잎이 서러워 눈물 흐를 때
나도 서러워 베갯잇을 적셨다

차곡차곡 쌓여지는 세월의 속내를 담고
중도 해약 없길
손때 묻은 통장 슬며시 꺼내본다.

아버지

큰 눈망울
슬쩍 굴리며
껌벅거리는 눈동자에
촉촉한 이슬이 맺힌다
동 트기 전 뻑뻑한 발목 절뚝거리며
워낭소리 청명하다

오늘도 울 아부지 누렁이 앞세워
논고랑 거닐며 물을 찬다
눈빛으로 속내를 알아차릴까마는
호수 같은 큰 눈망울에 논밭이 가득했다

이랴 이랴
제법 말귀를 알아듣고
발동무가 되어준다
좌라 좌라
또 한 번 육중한 몸을 어슬렁거리며
워낭소리 함께 묻어온다
울 아버지 목소리도 함께 따라 온다.

내비게이션

사각 블랙박스
수천 수 만개의 회로를 간직하고
목적지만 정해놓으면 어김없이 찾아낸다
똑 바른 음성과 흐트러짐 없는 어조로
산뜻한 매력은 없지만 나름대로 매력 있다
복잡한 서울
엉키고 설킨 차량의 틈새
다급해진 듯한 마음 중복된 음성이 신경 거슬린다
손에 땀이 난다
번호판도 문제다
예전에는 지역의 덕을 톡톡히 보았는데
믿지 못해 우회를 하고 보니
되돌아 오는 길은 사각 박스가 정확히 읽었다
마음을 열지 못해 꽁꽁 닫힌 마음
내비게이션처럼 읽을 수 없을까
깊이를 알지 못해 그 넓이를 알지 못해.

어머니

“어서 오시다”
“마침 식전인데 같이 한술 뜨시다”
“식사하시다”
“아재요 방죽배미 물꼬를 터야겠시다”

하늘만 보고 농사짓는 마음
거북이 등짝처럼 갈라진 뙈기를 보고
애가 탄다

아지랑이 가물거릴 때
끝없이 치켜세우는 잡초가
밭고랑에 걸터앉아 엄니의 땀을 먹고 자란다

호미자루 매끄럽게 반질반질
엄니의 연장은 면경이어라.

향수

새벽 별빛에도
환하게 보이는 거울이
들판 이곳저곳 누워있다

새싹을 틔워낸 그 얄팍한 몸
거울 앞에 다가설
그 사람을 그리워하며

무거운 몸 굉음을 지르며
집어 삼킬 듯 달려드는
트랙터의 비명도 아랑곳없이

고향의 들판은
차가운 겨울의 별빛을 받아내는
거울 되어 그렇게 고요하다.

남편의 양말

남편의 양말이 보기 싫다
통유리 너머 다소곳
눈치를 살피고 있다
행여 통 맞을까봐

주눅이 들어
절인 파처럼 늘어져 있다
슬그머니 던져버렸다

그래그래, 네가 무슨 죄냐
주인 잘못 만나 당하는 벌인 걸
남편의 어룽진 모습이 안쓰럽다

신발 속에 외마디 비명도 없이
홀로 고통스러워
달빛에 제 그림자 밟고 와서
허물 벗겨 돌아눕는다.

하얀 코고무신

고무신 뾰족한 콧등이
젊은 여자를 힐끔 치본다
젊은 여자는 제풀에
간이 뜨끔한다

다랭이밭 잡풀이 무성하여
진종일 퍼질러 앉아
질질 끌려 다니다가
젊은 여자가 있는 집으로 온다
툭 발길질로 차버린 코고무신
우물가에 나앉았다
비누거품 뽀얗게 수세미로 씻어
햇살 바른 곳에 세워두면 콧등이 벌렁벌렁

"엄니 새 신발 사야겠시이다"
"아이구야 그 신발 다 닳도록 살것냐이"
푸념인 줄 알면서도
코고무신 미워서 씻지 않고 세워뒀다
흰 코고무신을 몇 켤레를 더 신고
주인 잃은 코고무신 이젠 홀로 외롭다.

빈 둥지

체취가 사라지는게 두려워서 일까
입던 옷가지 하나 벽에 걸어 두고
들며 날며 눈길 머문다
애틋한 정으로 살아온
절반의 세월만큼이나 묻어 있어
붉어진 눈시울
억겁의 부부 인연으로 만나
반쪽 가슴이 꽉 찰 수 있음도
떨어져 함께 있음을 느끼며
비린내 나는 세월을 가슴에 품고 살 수밖에 없음이랴
그대 머문 자리에 남아 있는 흔적으로
웃어도 보고 울어도 보고
종종걸음으로 분주한 하루를 눕힐 쯤
하나둘 보금자리 돌아와
먹이 쏟아낸다
하루를 깔아 늘어놓지만
저들 떠난 노새 눈에
눈물 마를 날 없다
어찌 보면 너와 나
모두 떠나보내고 빈 둥지 지키는 노새 아닐까.

독일 마을

에메랄드빛 고운 뜨거운 남해
에돌아 굽이굽이 한 서린 모랭이
내 젊은 날이 눈에 밟혀
눈은 초롱초롱 여울진다

가을이 묻어오는 고요 속
산자락 길을 밝히는 반딧불이
꽁무니 따라
발걸음 옮기며 도착한 독일 마을

광부는 고국을 찾아 어둠에 숨어들고
백의의 천사로 떠나갔던 어린 간호사는
아침 해가 밝게 비치는 물건리 방조림을
거울처럼 펴 보이고 있다

테라스의 낭만 뒤바뀐 공간에
간호사와 광부의 쉼터가
검은 밤하늘 촘촘한 별들의
낮은 속삭임은 세월을 원망한다.

얼레지꽃

언 땅에 깊은 뿌리를 박고
삼월을 살짝 넘어오는 봄바람
청초한 꽃잎 기지개를 켠다

상처 난 잎사귀
해맑은 꽃잎 동면에 아픔을 잊고
이슬에 벗어 넘긴 쪽진 머리

어설픈 춤사위 장단
살짝살짝 엉덩이를 흔드는
그 모습도 아름다워라

꽃피고 잎 성할 때
이름 따라 발끝 머물고 섰더니
꽃 지고 잎 떨어진 지금에야
눈길조차 거둔다

얼레지꽃
얼레지꽃
그 친구가 그리울 때면 얼레지꽃에 묻힌다.

5
천왕봉 가는 길

천왕봉

안개비가 볼을 스치고
촉촉한 기운 온몸에 휘감긴다
영롱한 이슬
대롱대롱 힘겨움에 눈부시다

산허리 꽉 붙잡고 올라오는 구름
휘파람 불며 사라질 때
푸름이 웅장한 숲을 안겨준다

운해 속에 갇힌 크고 작은 봉우리
짤막한 신음
마지막 핏빛으로 물들인 골골이 깊은 산속

폐허의 땅에 소로시 솟아난 이름 모를 들풀
고사목의 아픔은 잿빛
뇌리를 스치는 영혼의 절규다
통천문을 관통하는 좁은 문
기세당당한 천왕봉의 정기
두 팔 벌려 한아름 담아 본다

기후가 변화무상하다
그 기상
주변의 작은 산을 호령하는
천왕봉이여! 그 이름 드높다.

배내골의 겨울

혹한에 꼭꼭 숨은 배내골
길게 누운 까만 밤
수많은 별을 얼음 쟁반에 담았다

별을 헨다
추억이 된 별
기억의 별
오빠랑 동생이랑
앞마당 평상에 누워

값도 치루지 않고
내 별이라 우긴다
먼저 딴 내 별
눈에 꼭 박아 놓고
또다시 내 몫을 찾는다

추억이 묻어 있고
아지랑이가 피어오르고
아이들은 썰매를 끈다
양지바른 언덕배기

짚으로 불지펴
언 손 녹이며 눈물 콧물
소매끝이 매끄럽다

앙상한 나뭇가지
젊음을 과시한 그 기세
혹한은
다시 봄을 기다리며
그대로 얼어붙었다.

남한강

말 없이 고요하다
유유히 흐르는 강
원천의 속내를 들춰볼 수도 없고
요동치 않고
여백으로 길게 누워
깊이를 모르는 채
수목은
모태로부터
침묵으로 수유하고
햇살이 잔잔히 밑둥을 간지럽힌다.

오대산 그 오름길

뉘라서 두렵지 않겠는가
뉘라서 보지 않고 살 수 있겠는가
뉘라서 홀로 가질 수 있겠는가
하늘이여
차마 부시다

하얀 은총
수없는 알갱이들은
발바닥을 간질이구나!

산들은 수평을 이루고
오름을 향한 끝없는 발자국은
평등한 높이에서 침묵한다

무소유의
전나무는 솜털을 덮고
하늘을 받들어
천천히 봄을 빨아올린다

주목은 묵언 수행
적멸보궁의 그 고요함을 지키고
중생의 기도를 받아 하늘에 풀어올린다.

등운곡*

비스듬히 바라보이는 문 안
비밀 없는 비밀이 자란다

장군인 양 단단히 자리한 소나무와
서어나무, 편백나무는 하늘을 받들고 섰다

등나무는 독경 소리 머금어 생명을 키우며
불어오는 바람에 그윽하게 자신을 피워 낸다

너의 살을 발라먹을 생각은 애초에 없었다
선잠 깨고 보니
너에게 의지하고 말았구나!

---

*범어사 등나무 군생지

운문령*

촉수를 더듬고
밀려나오는 새싹의 아릿함
산과 산이 맥을 이어
늘어선 고갯길

수몰의 아픔을
물안개로 올려 그리움을
채우고 또 채워
산 그리메로 품고 있다

길가에 벚꽃
슬픈 표정으로 낙하를 한다

골골이 흐르는 원천은
희미한 기억의 저편
뽀얀 추억을 몽글몽글 피워올린다.

*경상북도 청도군 소재

설악이여

아직
어둠이 내려앉은 오색의 길
한 잎 한 잎 포갠 나뭇잎
발끝에 머문다

여름에 익은 선홍 단풍
운해에 갇혀 헤엄치듯
그 속으로 들어간다

끝없는 돌계단 몸은 천근만근
꾹꾹 밟아 과부화가 걸려
익은 가을에 주저앉았다

깊어가는 가을이 아름다운 건
노련미가 더한
성숙함이 묻어있기 때문이다

억만겁의 세월에 기암괴석은
혼을 담아
아스라이 절벽을 이룬다

수렴동 계곡은
단풍을 담아 흐르다가
소를 만들어 잎사귀를 헹궈 흘러보내는
반복의 일상

구름이 나래를 펴고
쉬어가는 설악의 봉우리
붉은 가을이 내린다.

삼봉산 그곳에는

해송에 쌓여 바다를 품은
봉우리 둘
님 그리워 속이 퍼렇다
오밀조밀 섬과 섬 사이
삶을 실어 나르는 고깃배
비릿한 냄새마저 따뜻한 섬
은빛 파도 타고 떠난 님
뱃길 열어두면
쉬이 오시려나
만조에 가둔 수심
철썩이는 파도는 이 마음 아는지
애끓는 마음 오색토로 물들여
기우제로 하늘 문 열어보는
마른 가슴.

백두산 천지

붉은 입술로 토해낸
조국
애타게 부르짖는 소리
천 길 물속에 빠졌다
한순간도 눈을 뗄 수가 없다

오랑캐가 넘나들었던 분화구
밟히고 밟혀서
주변이 퍼렇게 멍들었다

서파에서 몰려오는 운해는
북파를 휘감아
천지 속으로 빨려 들어가 버린다
다시 토해낸 상처 입은 흔적들

분단된 두 나라는
팽팽하게 줄을 당겨 수평을 이루고
그 사연 아는지
천지는 유유자적 한가롭다.

천왕봉 가는 길

숨을 옥죄여 오는 비린내
쉬어 가라고
천왕봉 봉우리가 구름을 잡고 있다
지친 햇살이
나뭇잎 사이로 내리며
잠시 숨 고르기를 한다
오름길은 철 계단 무게만큼
발이 무겁다
숲이 푸르다 못해 눈이 시리다
수다쟁이 꽃들 꼭 다문 입술
아직 토해 내지 못한 말들
옹기종기 모여
저토록 아름답게 수를 놓았다
색깔 따라 다른 향
지리산을 품고
운무따라 마실 다닌다.

오륜대

하마 마을 깊은 곳
타는 목
물줄기 따라
호수 곁을 걷는다

상큼한 풀냄새
시원한 공기,
달과 별이 뒤섞여
상현上弦. 하현. 선현. 하정. 신천지
다섯 마을이 되었다

오가는 이 그리워
종일 말문이 막혔는데
그립고 보고픈 사람 곁에 두고
떠나지 못해
낮은 별 되어 환한 웃음 짓는다.

제석봉 1

힘겹게 오른 천왕봉
통천문을 지나
사방이 확 트인 언저리
너와 나의 사연이
한 뼘 두 뼘
추억으로 자란다

백 년도 못살고
시커멓게 키운 욕심
하늘마저 외면한 암울했던 날
그 자리를 묵묵히 지켜 왔다

비린내를 삼키고 지나는
좁은 길 틈새에
구상나무가
홀연히 자랐다
어둠이 내려앉은 제석봉
숨소리마저 힘들다.

제석봉 2

구름에 갇힌 고사목
처절한 아픔이 가슴을 후벼 판다
파도치는 들꽃의 향연
내 발 아래가 무겁다

흐르는 땀을 훔치고
산맥들을 굽어보노라면
산머리에 어리는 기다림이 푸르러
꽉 찬 황홀한 순간을 넘는다

적막한 고사목
찬바람에 목메어 울고 있다
사람이 그리워 지나가는
발 소리마저 정겹다

막막한 생을 넘나들었던 그들
지난날의 아픔을 쓸고 가는 소리
서러워라 서러워라
살아 천 년 죽어 천 년.

까마귀 앉은 무명바위

회룡정사 발 딛자
감로수 한 모금 가볍게 들이키고
숨 가쁘게 올라가니
깎아진 가파른 길
앞을 가로막은 암릉
벼랑에 붙어 아등바등 연명하고 있는
더부살이 나무줄기를 힘껏 잡아당긴다
나무의 비명소리도 아랑곳없이
다음 나무를 끄집어 당긴다
아슬아슬 건너는 열 손가락이 바위에 딱 붙었다

배꼽 아래가 쓰리하다
오금이 저리다
아, 이 짜릿한 전율.

온천천

범어천의 오색물고기
숱한 사연 저고리 속에 숨겨
샛강에 숨죽이며 숨어 흐른다

너와 나 서로 구속되어
하고픈 말 토하지 못하고
머무를 수 없이 눈치 보기 바쁘다

터널 속 무서운 비명
갇힌 한 깊은 침묵을 깨고
두 발 들고 환호성을 지른다

조잘대던 사춘기 소녀
떠내려 오는 나뭇잎을 붙들고
자갈 밟는 소리로 또랑또랑 정겹다

깊은 속내 유속으로 오르락내리락
물고기를 품으며
계절 따라 나란히 걷는다.

남강

씨줄 날줄
논개의 넋은 한으로 엮어
실크로 휘감아 목덜미는 따뜻하다

굽이 흐르는 물
휘영청
보름달 남강에 넘실거린다

오랜 침묵을 깨고
미끄러지듯 발길질이 무겁다
물오리가 물 퍼 올리기 바쁘다

왕버들은 아랫도리만 간신히 가린 채
모래톱에 떠내려 온 사연
숨기기에 바쁘다

오리가 보름달을 건져 올렸다
먹잇감 놓칠세라 사방을 두리번거리며
목덜미가 붉다.

연꽃소류지

숨겨야 될 비밀이 많은가 보다
하늘을 덮고 태양의 진실을 가리고
작렬하는 해 아래 수많은 이야기를 키우며
오리가 한 살림을 차렸다
철없는 새끼가 첨벙첨벙 금세 들통났다

넓은 소류지가 연잎으로 꽉 찼다
홍련 백련 성품대로
꽃봉오리를 쑥 밀어 올린다
한 닢 한 닢 펼치고 속에 담긴 알갱이
알알이 영글고 있다

툭 분질렀다
송송 시린 가슴을 드러낸다
얼마나 아팠으며 그 통증을 잊으려고
남이 볼까 두려워 휘감아 숨겼지만
텅 빈 내 마음 애달파서 밑으로만 숨겼다.

| 해설 |

노래가 되는 시인 정정희,
시집 『그리고 내일』

김 광 수
시인, 소설가

시인과 독자의 거리 좁히기

문학상 기타, 상을 받기보다 거절하기가 어려운 것이 현실이다. 수상자受賞者의 입장에서는 내키지 않거나, 받아서 안 될 성싶은 상인데도 거절하는 순간 적대적 관계가 형성되기 때문이다. 당연한 일이다. 역지사지가 불가능한 일이기에 더욱 그렇다. 상을 만든 분이나 운영자의 입장에서는 당신의 상보다 좋은 상이 없다. 그걸 거절하는 문인이, 턱도 아닌 인간이 곱게 보일 리 없다. 적으로 간주할 수밖에 없을 것이다. 상을 추천한 분은 물론, 먼저 수상한 이들조차 적대감을 숨기지 않으니 어려움은 더해간다.

그러나 암만 힘겹고, 외롭기까지 해도 감내할 수밖에 없다. 미안하다는 진심어린 말 더불어, 크고 확실하게 공언해야 한다. 타인은 당분간 속일 수 있고 하늘도 잠시잠깐 속일 수 있으나 자기 자신만은 한 순간도 속일 수 없는 일이거늘 평생을 자신을 속이고 살 수는 없지 않은가?

작품비평, 발문, 해설 등도 마찬가지다. 모처럼 작품집을 내기 위하여 작품을 모으고, 윤문하고, 퇴고정서하고, 편집까지 해놓고 부탁드리는데 일거에 거절해버리면 그 좌절감과 상심은 끝닿는 데 없을 것이다. 신인일 경우는 하늘이 무너지는 기분 아니겠는가.

오랜 기간 발문 포함, 작품비평에 작가론까지 써오던 분이 소리 높여 그런 종류의 글과의 결별을 선언하니 당혹스럽다. 혹시 문학적 선민의식 아닌가? 누릴 것 다 누린 다음 아닌가? 그분에게 그런 종류의 글을 받아서 작품집을 낸 분의 심정을 헤아렸다면 공개적으로 할 말은 아닐 듯싶다. 그냥 쓰지 않으면 된다. 문학적 고해라면 더욱 그렇다. 고해는 신부님과 단 둘이 하는 비밀스럽고도 정직한 성사 아닌가.

이 글은 전문비평가나 원로문인이 하는 작품비평도, 권말 요점정리에 해당하는 발문도 아니다. 독자로서의 작품해설이다. 의도는 시인과 독자의 거리 좁히기다. 전문비평가 원로와는 거리가 먼 필자가 무모한 짓을 벌인 이유다. 결국은 변명이다.

노래가 되는 정정희 시인

결론부터 말하면 정정희 시인은 노래가 되는 시인이다. 선천적 기질이든 후천적 노력이든, 시인으로서의 끼(기氣)와 신명이 있다는 뜻이다. 시인으로서는 최고의 축복이다.

그러나 충분조건까지는 아니다. 그것을 시로 육화시켰을 때 비로소 시의 완성도는 높아진다. 시를 포함 문학과 문학작품에서는 완성도, 완성작도 없다. 사람의 일이라서 그렇다. 유신론자든 무신론자든 창조주와 창조된 세상과 우주를 인정하지 않으면 예술과 문학은 존재할 수 없다.

창조주의 창조물을 사람에게 유용하게 변형시키는 일이 기술技術 art이다. 예술藝術 art은 사람을 감동시키는 기술이다. 인류가 찾아낸 최고의 기술이다. 문학文學 literature은 말글로써 사람을 감동시키는 예술이다. 시詩 poem 역시 문학의 범주이므로 말글로써 사람을 감동시켜야 하는 예술이다.

문학의 시작과 끝인 시는 말의 예술인 구비문학도, 글의 예술인 기록문학도 아니다. 선행언어이자 청각언어인 말과 후행언어이자 시각언어인 글을 화학적으로 결합시킨 말글의 예술이다. 청각과 시각의 합성인 면에서

종합예술적 요소도 있다.

말이 언어의 으뜸이듯, 시 역시 분절음(자음과 모음으로 나누어지는 소리)인 음성音聲 voice이 으뜸이다. 음성의 상위개념인 소리(음향音響 sound)는 그 자체로 가락(운율韻律 rhythm)이 있다. 소리의 일부인 말 역시 가락이 있다. 문학 최초의 형식인 시는 글자가 없던 시절부터 말의 예술인 구비문학으로 존재했다. 시의 생명이자 유일한 형식이 가락인 이유다. 그럼 내용은? 감동이다.

말의 고저장단에 의한 음성율(운韻 rhyme)과 박자 수에 의한 음수율(운韻 meter)은 시의 양대 가락이다. 우리의 고전시가古典詩歌는 음수율이 승하고 한시, 영시 등은 음성율이 승하다 하나 불가분리다. 두 가락의 조화가 좋은 시의 관건이다.

정정희 시인의 시는 음악적이다. 음수율을 주조로 하여 음성율이 돕는 전통적 서정시다. 그러나 시인은 시의 가락에만 관심이 집중된 것 같지 않다.

인생세간 사람과 삶과 사랑 등 지나칠 정도로, 시와 문학의 가치요소인 내용에 관심을 보이고 있다. 그러면서도 좋은 서정시인 이유는 노래가 되기 때문이다. 시어와 시행詩行 line에서, 시의 존재 요소인 가락과 울림이 넘친다. 흥겹기까지 하다.

윤문과 퇴고 과정에서 의도적으로 가락을 깨는 어휘가

보인다. 심상心象 image과 선명한 의미 표현을 위한 시도인 듯하다. 한 편 뽑아본다.

초록색 물방울이 튕겨져 나와
고전과 현대가 어우러졌다
번잡했던 어제의 흔적 어디에도 없다
공원의 벤치는 주인 잃은 사슴마냥
어두에 숨어 떨고 있다
텅 빈 공원
칠흑 같은 어둠 속 다시 햇살은 내리고
분수대
그 아름답고 고고했던 시화
튕겨져 나온 언어들이 아련하고
간간히 마음 담을 그릇 찾아 발목 잡는다
대칼코마니 찍어 한껏 나폴거렸던 전날은
꿈이던가 헤아려 본다.

－「그리고 내일」 전문

1부_ 그곳에 가면, 하루에 모은 삶

5부작으로 나누어진 시편들을 읽으며, 한참동안 당혹스러웠다. 한 부 한 부를 포괄하는 시법과 주제가 눈에 띄지 않아서였다. 세 번째 읽으면서 비로소 시법과 주제를 찾아내고 안도의 한숨을 내쉴 정도로 독특한 분류 기준에 의한 분류였다.

삶의 일정부분을 하루에 모은 시, 현실 인식과 아름다움 삶에 대한 갈증, 의도적 낙관과 가을노래, 정직하게 토해내는 효심과 가족사랑, 산행과 여행의 시 이른바 객창시 모음이 그것이다.

정정희 시인의 시편들을 읽어나가면서 내내 이어진 생각 두 가지다. 시를 통한 시인 연구인 셈이다.
하나는 시인의 시에서 난해한 현대시나 외국시인은 흔적조차 찾을 수 없었다는 것이다. 둘은 세칭 청록파青鹿派로 불리던 박두진 박목월 조지훈, 그중에서도 지훈芝薰 조동탁趙東卓 시인 생각이었다.

조지훈과 박목월의 시작법 중에서 가장 대조적인 것이 조사의 구사다. 목월 시인은 조사를 배재함으로서 가락을 살리는 특이한 재능이 있다. 그러나 단조롭다. 어떤 시를 읽어도 비슷한 풍경이라는 느낌을 지울 수 없다, 고시의 선경후정 그대로다.
지훈 시인은 모국어의 특장인 조사를 효과적으로 사용함으로써 가장 한국적인 가락을 만들어 낸다. 유려하면서도 깊다.

모르긴 해도 정정희 시인은 시 공부와 습작과정에서 직간접적으로 조지훈 시인의 영향을 받았을 것이다.

거침없는 가락으로 전개되는 시행, 자유자재로 구사하는 조사, 당신을 자연의 일부로 보는 자연귀의 사상, 고전적이면서도 행운유수를 연상케 하는 인생관, 지훈 시인의 시와 인생이다.

지훈을 닮은 시인, 그러나 아직은 조금만 닮았다. 고전적 행운유수와 자연귀의까지 기대하기는 시기상조다.

하늘 위의 하늘
그 위의 하늘
설국雪國을 그렇게 빚어낸다
눈부시게 푸르다
두 손으로 살며시 퍼담아 본다
뭉쳤다 모물거린다
커졌다가 작아졌다가
다시 비볐다가 뭉갰다
왈칵 쏟아내는 그림자는
한 줄기 소나기가 된다
떠다니는 구름 한 조각
그렇게 없어지는 것을
지난 흔적 파편처럼 떨어져

희미한 그림자로 토해낸 한숨
부초 같은 목숨 너울처럼 일렁인다.

–「푸른 눈」 전문

2부_ 산다는 것이, 현실 인식과 아름다운 삶에 대한 갈증

정정희 시인은 잘 웃는다. 스스로 우스개의 달인이라 자임하기도 한다. 그러나 시인의 웃음 뒤끝은 늘 허전하다. 웃음소리에 서늘해질 때도 있다. 단순한한 것도 만만한 것도 아닌 현실인식과 대결의지, 아름다움 삶에 대한 갈증의 시편들이 2부에 모여 있다. 녹록치 않은 솜씨다.

감각적 아름다움과 아름다움의 정서情緖 emotion인 감동에 대한 갈증으로 아픈 시 한 편이다.

촉촉이 비가 내린다
을씨년스런 마음
멍에처럼 매달고
하염없이 달려본다
살아온 날은 쌓여가는 나의 업보
살아갈 날은 나의 고행인 것을
오늘도 빈 가슴을 채우고자 하루를 편다.
무엇에 사로잡혀 허우적대는지

서늘한 마음 다잡아 보지만
헝클어지는 잡념에
뒤엉킨 날줄과 씨줄
풀었다 감겼다 반복되니
애라
모르겠다
또 하나의 업보만 쌓이고
고행의 날은 오늘도 나를 가둔다.

–「산다는 것이」 전문

3부_ 상고대, 의도된 낙관과 가을 노래

3부에서 시인 정정희의 감성과 정서는 혼란 상태에 이른다.

정서적 허무주의자의 병든 정서인 허망감을 극복하기 위한 시인의 의도적 낙관, 수확의 가을과 조락의 가을이 끊임없이 갈등, 이 모든 것을 극복하기 위한 노래가 3부의 주조다.

정서적 허무주의의 대칭에 철학적 허무주의가 있으니 실존주의다. 기존가치와 본질주의에 대한 전면부정에서 연유된 용어다.

시인은 가을 자체를 사랑하는 것이 아닌 듯싶다. 오히

려 두려워하는 것으로 보인다. 그렇게 느껴진다. 시인에게 가을은 결코 수확과 풍요의 가을, autumn이 아니다. 모든 것이 떨어지고 앙상해진 겨울문턱, fall이다. 그것을 시인은 스스로 구축한 낙관과 웃음의 시로 승화시키려 하고 있다. 어렵고 힘든 작업이다. 그래서 시인도 시도 아프다.

하늘이 주산지에 내려앉아
반영된 나신은
고요를 안고 물안개를 올린다

손바닥에 움켜진 마음의 소요
가슴에 엉근 아릿함이
정제되어 흐르고

따사로운 햇살은
물속에서 춤을 춘다.

「주산지」 전문

4부_ 유년이 그립다, 부모사랑 가족사랑

정정희 시인의 부모 사랑, 남편 사랑, 가족사랑은 내숭이 없다. 솔직담백하고 직선적이다. 털털하기까지 하다.

필자도 덩달아 신명이 난다. 독자도 신바람 날 것이다. 어렵지 않게 찾아낸 시 「어머니」 전문이다.

"어서 오시다"
"마침 식전인데 같이 한술 뜨시다"
"식사하시다"
"아재요 방죽베미 물꼬를 타야겠시다"

하늘만 보고 농사짓는 마음
거북이 등짝처럼 갈라진 뙈기를 보고
애가 탄다

아지랑이 가물거릴 때
끝없이 치켜세우는 잡초가
밭고랑에 걸터앉아 엄니의 땀을 먹고 자란다

호미자루 매끄럽게 반질반질
엄니의 연장은 면경이어라.

5부_ 천왕봉 가는 길, 시간과 공간이 공존하는 산

산은 시간과 공간이 공존하는 곳이다. 산을 오르내리면서 공간이동인 줄만 안다면 겨우 산자락을 더듬은 것이다. 공간과 시간의 변화와 공간과 시간의 공존까지 체득하면 산허리에 와 있는 셈이다. 산을 다 안다는 분이 있다면 산신령이거나 거짓말쟁이다.

시간과 공간이 공존하는 산, 기행문학 정도로 여겨지던 산행기와 여행기가 문학의 모든 갈래에서 객창시 객창소설 등으로 자리 잡은 이유다. 객창, 나그네 차창, 주마간산 격이란 의미고 비유다.

정정희 시인은 산행인도 등산가도 아니다. 산꾼이다. 산에 관한 한 꾼(장인匠人 meister)의 경지다. 기까운 산 먼 산 낮은 산 높은 산 가리지 않고, 중단 없이 오르내린다. 산에 대한 호기심이나 단순한 애정만으로 될 수 있는 경지가 아니다.

산에서 인생과 우주와 섭리, 삶의 지혜뿐 아냐 시와 수필까지 배운다. 그래서 시인은 산의 장인이다.

시인은 지금도 금정산 자락에 터 잡고 산다. 평생 그곳을 떠나지 못할 것이다. 산이 거기 있으므로.

숨을 옥죄어 오는 비린내
쉬어가라고
천왕봉 봉우리가 구름을 잡고 있다
지친 햇살이
나뭇잎 사이로 내리며
잠시 숨고르기를 한다

오름길은 철계단 무게만큼
발이 무겁다
숲이 프르다 눈이 시리다
수다쟁이 꽃들 꼭 다문 입술
아직 토해내지 못한 말들
옹기종기 모여
저토록 아름다운 수를 놓았다
색깔 따라 다른 향
지리산을 품고
운무따라 마실 다닌다.

—「천왕봉 가는 길」 전문

언제나 시작, 늘 노래하기를 이기를 빌며

해설을 마무리하면서 김춘수金春洙 선생님이 들려준 이야기를 생각한다. 1970년으로 기억된다.

'시인작가로서 완숙한 작품, 완성도 높은 작품을 쓰고 싶다면 오래 살아야 한다. 시인은 더욱 그렇다. 젊은 시인의 젊은 시는 풋풋한 감수성과 참신하고 기발한 점은 높이 살 수 있으나, 인생을 관조한 시, 압축한 시를 쓰기에는 연륜이 부족하다. 모자랄 수밖에 없다.'

같은 주제와 요지로 일간지 문화칼럼으로 발표했을 때, 낭만가객이랄까 낭만적 문인예술가들의 도발적 반론도 만만치 않았다. 그들이 전가의 보도로 뽑아든 요절시인이 김소월, 이상, 윤동주 등이었다.

여기서 우리들은 두 개의 오류를 찾아낼 수 있다. 하나는 비상시와 평화시대에서의 시인의 삶이 다를 수밖에 없다는 사실을 간과한 점이다. 둘은 예외를 전체로 받아들인 논리적 오류다.

식민지시대, 시인뿐 아니고 양식 있는 지식인들에게는 굴욕과 부끄러움의 시대였다. 더구나 감수성 예민한 시인 아니던가? 자조와 자학의 나날이었을 것이다. 그런 시대적 상황과 개인적 아픔에서 벗어나기 위한 시인의 길, 목숨을 걸고 쓰지 않을 수 없었을 것이다. 총칼 대신 시로 독립운동 하듯, 하루를 십년으로 여기면서 그런 영육으로 시를 쓰고, 말글을 쓰고, 인생을 살았을 것이다. 당시 술과 기행으로 얼룩진 인생을 살다간 시인, 요절시인이 천수를 누린 시인보다 오히려 많은 이유 아니겠는가.

비록 1국가 2정부라는 국가적 긴장상태, 부끄러운 현실임을 감안하더라도 평화시대다. 경제 사회문화 예술 분야에서 장족의 발전을 한 것도 사실이다.

문학 역시 마찬가지다. 시인은 하늘이 점지한 사람이라는 인식에서 벗어난 지 오래다. 여전히 그런 생각을 하는 분이 없지는 않으나, 왜곡된 자부심에 안간힘이다.

자연과 인생세간을 개성적으로 보는 안목, 인간과 언

어에 대한 감수성, 말글과 모국어에 대한 사랑, 화법話法과 문법文法을 포괄하는 어법語法만 터득하면 시를 쓸 수 있다는 인식과 자신감 정도는 누구나 있다. 기본에 충실하고, 꾸준하게 읽고 쓰는 작업을 멈추지 않은 이에게만 주어지는 기회임은 물론이다.

요즘 요절시인 천재시인으로 소개되는 시인 두어 분, 외람되지만 언론매체가 만들었다는 생각이 든다. 예외없이 우리가곡으로 작곡되어 불리는 노래, 노랫말만 놓고 보면 생존시인의 초기작과 거기서 거기다. 노래에 감동하다가 노랫말을 따로 읽고 실망하는 경우와 비슷하다.

필자는 정정희 시인이 오래오래 살아서 좋은 인생을 살고 그에 버금가는 시와 수필, 문학작품을 쓰기 바란다. 늘 노래하기 바란다. 그럴 것이라는 확신과 예감도 있다. 처녀시집『그리고 내일』로 상도 하나 쯤 받았으면 좋겠다. 그러기 위해서 순수와 올바른 열정으로 풀이되는 초심을 잃지 않았으면 좋겠다.

그리고 내일

지은이 정정희

—

인쇄일 2014년 6월 16일
발행일 2014년 6월 20일

—

펴낸이 박철수
편집 정은영
펴낸곳 도서출판 해암

—

등록번호 제325-2001-000007호
주소 부산시 중구 백산길 17 삼성빌딩 702호
전화 051)254-2260, 2261
팩스 051)246-1895
전자우편 haeambook@hanmail.net

—

—

값 10,000원

ISBN 978-89-6649-051-6 03810